AF357047

TOAST

PORTÉ EN L'HONNEUR

DE

M. SIMON HAYEM

A L'OCCASION

DE

L'ANNIVERSAIRE DE SA NAISSANCE

le 29 Décembre 1888

A

M. SIMON HAYEM

—

Souvenir du 29 Décembre 1888

E spectacle le plus agréable et en même temps un des plus rares qu'on puisse rencontrer dans la vie, c'est un homme heureux, qui mérite son bonheur et qui le conserve dans le cours d'une longue carrière. Ces trois bénédictions, nous les voyons assemblées sur la tête de notre hôte, M. Simon Hayem, sans compter celle que nous y ajoutons tous d'une voix unanime.

Le bonheur de M. Simon Hayem a ce caractère particulier de n'être point personnel, mais de rayonner avec éclat hors de lui, autour de lui, sur une famille aussi nombreuse qu'une tribu, dont il est le souverain vénéré, incontesté, n'ayant à compter avec aucun parlement ni aucune constitution, plus ou moins sujette à révision.

La tribu des Hayem, vous le savez, n'a rien de commun avec une tribu sauvage, elle contient en elle tout ce qui fait le charme et l'honneur de l'existence. Nous pouvons compter les dons précieux qu'elle possède, car ils sont représentés par autant de personnalités distinctes. Les voici, par ordre chronologique, et nullement, veuillez le croire, par ordre de mérite. Je n'ai ni le pouvoir ni l'intention de décerner des prix.

Au premier rang, nous trouvons l'amour éclairé des arts; au second, le prestige et l'autorité de la science; au troisième, le dévouement à la chose publique, uni au culte des lettres; au quatrième, la connaissance pratique des affaires, ennoblie par une haute culture de l'âme et de l'intelligence.

Ce sont là les quatre colonnes du temple. Autour d'elles se meut une couronne de fleurs humaines, composée de jeunes femmes, aussi vertueuses que belles, et d'une nuée de petits enfants, jaloux de marcher sur les traces de leurs parents et de leur grand-père.

Telle est la situation, vous voyez qu'elle n'est pas mauvaise. Elle me remet en mémoire un fait déjà ancien que vous ne serez pas fâchés de vous rappeler à votre tour.

On raconte qu'un grand roi de l'Asie reçut un jour à sa cour un célèbre philosophe, un des sept sages de la Grèce. Le prince, après avoir promené le philosophe à travers plusieurs galeries de ses palais remplies d'or, d'argent, de pierres précieuses et de chefs-d'œuvre artistiques, osa lui adresser cette question : « As-tu jamais rencontré, dans tes nombreux voyages, un homme plus heureux que moi ? — Je vois bien, répondit Solon (c'est le nom du sage dont nous parlons), je vois bien que tu es riche et puissant ; j'ignore si tu es heureux ou si tu le seras jamais. »

L'événement justifia cette réserve.

Je suppose que M. Hayem, s'il pouvait adresser à Solon la même question, en se montrant à ses yeux dans sa verte vieillesse, entouré de ses trésors vivants, obtiendrait de lui une réponse bien différente.

« Je n'irais pas jusqu'à affirmer, dirait sans doute le philosophe, qu'il n'y eût pas sur toute la terre un homme plus heureux que toi, mais tu es certainement un des plus heureux ! »

Buvons, mesdames et messieurs, à la continuation de ce bonheur.

AD. FRANCK.

Maison Quantin imprimeur
S. Benoit, 7, à Paris

www.ingramcontent.com/pod-product-compliance
Lightning Source LLC
LaVergne TN
LVHW011937170726
843501LV00011BA/4462